Frauen, die Kaffee lieben

Frauen, die Kaffee lieben

Mit einem Text von

Ulla Fölsing

THIELE VERLAG

Wo Kaffee
serviert wird, da
ist Anmut,
Freundschaft und
Fröhlichkeit.

ARABISCHER SPRUCH

ULLA FÖLSING

Frauen, die Kaffee lieben

Ei, wie schmeckt der Coffee süße, lieblicher als tausend Küsse, milder als Muskatenwein, ach, so schenkt mir Coffee ein«, schmeichelt in Johann Sebastian Bachs *Kaffeekantate* von 1734 eine junge Tochter, welcher der gebeutelte Vater die

teure Leidenschaft für den Kaffee auszutreiben sucht. Der so genannte Türkentrank war damals in Europa eine Mode, die sich rasch flächendeckend ausbreitete. Aber wie alles Neue nicht sofort und überall Anklang fand.

Heute funktioniert das Leben erst recht nicht mehr ohne Kaffee. Allein in Deutschland trinken mittlerweile neun von zehn Personen regelmäßig davon. Dabei konsumiert jeder Bundesbürger laut Statistik durchschnittlich vier Tassen am Tag, und das nicht etwa in den beliebten Coffeeshops, sondern gern zu Hause, bei der Arbeit und im Büro. In Zeiten von *coffee to go* nicht selten auch auf dem Weg irgendwohin. Mit

CAFFE
ESPRESSO
SERVIZIO
ISTANTANEO

einem Pro-Kopf-Verbrauch von 169 Litern (im Jahr 2021) ist Kaffee unangefochten das beliebteste Getränk in Deutschland, noch vor Mineralwasser und Bier. Getrunken am liebsten zum Frühstück und am Nachmittag, scheint Kaffee als Treibstoff für menschliche Aktivitäten und als Quelle körperlichen Wohlbefindens unverzichtbar zu sein.

Dabei ziehen Frauen längst mit ihrem Kaffeekonsum an Männern vorbei. Sie zeigen sich oft geschmacksorientierter, experimentierfreudiger und stärker an Nachhaltigkeit interessiert. Und wissen meist besser Bescheid, woher ihr Lieblingsgetränk kommt und welche Geschichte es hat.

Der Siegeszug der Kaffeebohne

Nicht aus Lateinamerika kommt der Kaffee, wie viele meinen, sondern – aus Afrika. Wilde Kaffeesträucher wuchsen auf der Erde, lange bevor es Menschen gab. Die frühe Kaffeebohne stammt aus den Hochländern Äthiopiens, und dort oder im benachbarten Kenia vermuten Wissenschaftler die Wiege der Menschheit.

Die am längsten bekannte wilde Kaffeeart *Coffea arabica* aus dem Nordwesten von Addis Abeba wird auch am längsten wirtschaftlich genutzt. Die wild wachsende *Coffea robusta*,

heute die zweite wirtschaftlich bedeutende Sorte, wurde erst nach 1860 in Uganda nahe dem Victoria-See entdeckt.

Der Überlieferung nach sollen äthiopische Hirten die Wirkung von Kaffeekirschen entdeckt haben, als ihre Ziegen munter herumzuhüpfen begannen, nachdem sie von den Früchten gefressen hatten. Das soll um 1.000 n. Chr. gewesen sein. Der anregende Effekt bei den Ziegen lud die Menschen offenbar zum eigenen Ausprobieren ein. Angeblich haben die Äthiopier damals begonnen, Kaffeebohnen zu rösten und mit heißem Wasser aufzugießen. Aus ihrem Land gelangte der Kaffee im fünfzehnten Jahrhundert in den Jemen und verbreitete sich im ganzen Osmanischen Reich. Wo ihn dann europäische Reisende kennenlernten. »Sie haben ein Getränk, das ist schwarz wie Ruß und schmeckt nicht viel anders«, berichtete 1610 ein Engländer aus Palästina.

Kaffeehäuser als Tempel des Genusses

Zu zentralen Orten arabischen Kaffeetrinkens wurden bald spezielle Cafés. Schon Mitte des sechzehnten Jahrhunderts entstanden in Aleppo die ersten Kaffeehäuser, kurz darauf auch welche in Konstantinopel.

Als immer häufiger weit gereiste Zeitgenossen über die anregende Wirkung des »Türken-tranks« und seine Zubereitungsart im Orient berichteten, galt die Kaffeebohne auch auf europäischem Boden nicht länger nur als kuriose botanische Rarität, sondern avancierte zum begehrten Genussmittel. 1647 eröffnete die erste Kaffeeschenke in Venedig. Andere große Häfen und Handelsorte wie Marseille, Amsterdam, London und Paris, Hamburg und Bremen zogen alsbald nach.

Mit dem Import nicht nur von Kaffee, sondern auch von Kaffeehäusern schuf sich das wachsende Bildungs- und Besitzbürger-tum allerorts eine neue eigene Öffentlichkeit.

Das Kaffeehaus wurde zu Genussort, Nachrichtenbörse, Kontor, Studierstube und Spielsalon in einem. Kommen durfte, wer sich eine Tasse Kaffee leisten konnte. Wer wollte, konnte dazu Zeitung lesen, Geschäfte anknüpfen, über Politik und das Leben diskutieren sowie Schach, Karten oder Billard spielen.

In seinen Anfängen als europäisches Modegetränk wurde Kaffee also außerhalb der eigenen vier Wände getrunken. Sein Konsum in den Kaffeehäusern war ein öffentliches Ritual und zwar eindeutig ein männliches, bei welchem Frauen nichts zu suchen hatten. 1674 setzten sich frustrierte Londonerinnen gegen solche Bevormundung mit einer Eingabe an

das britische Parlament zur Wehr. Es ging ihnen dabei wohl weniger um die Teilhabe am Kaffeegenuss als um dessen vermeintliche, spezielle gesundheitliche Folgen. In ihrer öffentlichen Petition warnten sie vor dem neuen »schwächenden und austrocknenden Getränk«, das ihre Männer so unfruchtbar mache »wie die Wüsteneyen, aus denen diese unglückselige Beere herkommt.« Im gleichen Atemzug forderten die energischen Damen, die Kaffeehäuser zu schließen. Denn dort verbrachten die Männer ihre Abende, statt sich daheim um Weib und Kind zu kümmern und für weiteren Nachwuchs zu sorgen. Die Petition nutzte nichts. Der englische König Charles II. mühte

sich im folgenden Jahr vergeblich, die inzwischen fast dreitausend Londoner Kaffeehäuser und den Verkauf von Kaffee zu verbieten. Doch der Siegeszug des Getränks war nicht aufzuhalten. Bis sich der Kaffeegenuss auch im privaten Bereich durchsetzte und den weiblichen Teil der Menschheit einschloss, brauchte es allerdings Zeit.

Zunächst war der Kaffee noch teuer und nur für die oberen Schichten zu haben. So zelebrierte anfangs vor allem der städtische Adel das herbe Exotengetränk als orientalischen Luxus – mit schwarzem Diener und fremdländischen Gewändern. Das Großbürgertum beeilte sich bald, die neue Mode

auf bescheidenerem Niveau zu kopieren. So erreichte die Trinkgewohnheit allmählich alle anderen Schichten. Schließlich wurde Kaffee auch von Arbeitern, Bauern und den Ärmsten der Armen konsumiert. Vor allem aber von immer mehr Frauen.

Die Lust der Frauen am Kaffee

Die allmähliche Verbreitung des Kaffees in Europa, vor allem die Lust der Frauen am Kaffee wurde von der zeitgenössischen Kunst früh aufmerksam registriert. Schon die Maler an den Höfen des siebzehnten und achtzehnten Jahrhunderts feierten das exotische Modegetränk in zahlreichen Illustrationen.

Will man den Malern Glauben schenken, so wurde das Kaffeetrinken vor allem für Disputanten, Journalleser und einsame Herzen, Kuchenesser und Klatschtanten, nicht zuletzt aber für schöne, anmutige Frauen erfunden. Denn im Zusammenhang mit dem Kaffee als Motiv verzichteten Maler nur selten auf dekorative weibliche Wesen als Botschafterinnen des Heißgetränks: Frauen, die Kaffee liebten, wurden auch in der damals vorwiegend männlichen Kunst geliebt. Immer wieder setzten sich Künstler mit dem Genuss von Kaffee, seinen Utensilien, Trinksitten

und gesellschaftlichen Gewohnheiten, nicht zuletzt aber auch seinen Konsumentinnen auseinander.

Abgebildet wurden Kaffeeszenen in öffentlichen und privaten Räumen, Interieurs von Kaffeehäusern, deren habituelle Besucher, die Genießerinnen daheim oder einfach nur Geschirr oder andere Gerätschaften.

Kaffeekränzchen und Emanzipation

Bereits im neunzehnten Jahrhundert wurden die meisten Kaffeetassen nicht in öffentlichen Cafés geleert, sondern in privaten Wohnzimmern als nachmittägliche Gewohnheit und als sonntägliches Familien-ritual, vor allem aber als spezifisch weibliches Vergnügen. Denn immer mehr bürgerliche Damen fanden sich in der zweiten Tageshälf-te mit ihresgleichen um eine gut gefüllte Kaffeekanne zusammen, und bald feierte der schwarze Trunk in den guten Stuben des Bürgertums wahre Triumphe.

Hier wurde er zum beliebtesten Heißge-tränk und schließlich auch zum gemeinsamen Nenner in der Trinkkultur der Geschlechter, die bis dahin strikt getrennt gewesen war. Der Siegeszug des Kaffees machte damit das physiologische »Manko« der Frauen, angeblich

weniger Alkohol zu vertragen, auf elegante Weise gegenstandslos. Der Genuss des vormals exotischen Getränks im eigenen Zuhause erlaubte ihnen, an einer veränderten bürgerlichen Trinkkultur teilzuhaben.

Dass die Damen ihren Kaffee zunächst nur daheim tranken, kam nicht von ungefähr. Zwar war es den Hausfrauen in Zeiten männlicher Brotverdiener nicht ausdrücklich verboten, ein öffentliches Café zu betreten. Doch sobald die gutbürgerliche Ehefrau ihrem Mann ins Kaffeehaus folgte, riskierte sie ihren guten Ruf. Denn Kaffeeschenken waren anfangs reine Männersache, und dort verkehrten nur weibliche Wesen mit eher

zweifelhaftem Ansehen – im Sprachgebrauch damals so genannte »Caffee-Menscher«. Sie galten als »liederliche Weibsbilder, die das anwesende Mannsvolck bedienen und ihm alle willigen Dienste bezeugen«. Wer als Frau ins Kaffeehaus ging, wurde denn auch schnell mit ihnen gleichgesetzt und als leichtlebig geschmäht.

Schuld an diesen Vorstellungen von Weiblichkeit war das Patriarchat, das sich seit dem achtzehnten Jahrhundert immer mehr institutionalisierte. Mit der zunehmenden Trennung von Erwerbs- und Familienleben entwickelte sich in der Folge der Alltag der Geschlechter auseinander. Während sich der Mann nach außen orientieren und der harten Welt von wirtschaftlicher und politischer Konkurrenz stellen musste, wurde den Frauen die Intimität von Haus und Familie zugeordnet. Diese weibliche Rolle grenzte bürgerliche Gattinnen ohne ausdrückliches Verbot aus der Öffentlichkeit und damit auch den Kaffeehäusern aus.

Die bürgerlichen Gattinnen gehorchten und blieben brav zu Hause. Aber sie fanden einen listenreichen Weg aus ihrer häuslichen Isolation und eine angemessene Konsum-Alternative, indem sie sich in die eigenen vier Wände holten, was ihnen außerhalb des Hauses verwehrt wurde. Statt auszugehen,

luden sie Freundinnen und Nachbarinnen zur privaten Kaffeerunde zu sich und machten ihre Wohnzimmer zum Ersatz-Café. Und weil solcherart Geselligkeit bei Kaffee und Kuchen so viel Spaß bereitete, wurden die Treffen zur schönen, oft auf Gemälden abgebildeten Gewohnheit, an der sich alle reihum mit Einladungen beteiligten.

Mit den Äußerlichkeiten, die diesen »Kaffeekränzchen« zum Namen verhalfen, hielten sich die Damen nicht lange auf. Die Bezeichnung stammte von dem Kranz, den die Gastgeberin ursprünglich auf dem Kopf trug und an diejenige weiterreichte, welche die nächste Begegnung ausrichten sollte. Erfunden wurde

die abwechselnde Bewirtung bereits hundert Jahre zuvor von den Musik-, Spiel- und Kartenkränzchen. Sie ging dann später auf gelehrte private Zusammenkünfte und schließlich auf die weiblichen Kaffeekränzchen über.

Bei diesen Treffen war der Kaffeegenuss die eine Sache, der vertraute Plausch und der Austausch von Neuigkeiten die andere. Die Unterhaltung der Kaffeetrinkerinnen bewegte sich dabei auf unterschiedlichem Niveau. In den gehobenen Schichten traf man sich zu literarischen oder musikalischen Zirkeln nach französischem Vorbild. Im Vordergrund standen intellektuelle Gespräche, und als Attraktion wurde eine prominente Persönlichkeit eingeladen. Auch Kartenspielen war als Zeitvertreib beim Kaffee beliebt. Am meisten Vergnügen allerdings machte den Kaffeerunden der Austausch von Neuigkeiten aus dem Alltag. Diese hatten in der Regel eine stark zwischenmenschliche Komponente. Man redete über Kinder, Mode, Männer und überhaupt andere Leute. Das trug den Kränzchendamen schnell den Ruf permanenter Klatschtanten mit beschränktem Horizont ein. Männliche Beobachter begegneten dem neuen femininen Freiraum deshalb früh mit einer gehörigen Portion Misstrauen und Spott. So setzte der Kupferstecher Wilhelm Chodowiecki bereits Ende des achtzehnten Jahrhunderts wenig

schmeichelhaft ins Bild, was das Gros der anderen Hälfte der Menschheit über die weibliche Versammlungsfreude beim Kaffeeklatsch dachte: Gänse, Hühner und Hähne, Pfau, Katze und Hund finden sich bei ihm zur geselligen Kaffeetafel zusammen. Selbst Günter Grass nannte Damen bei der gemeinsamen Konsumation von Kaffee und süßem Backwerk später noch ungerührt »Kuchen fressende Pelztiere«, und Udo Jürgens spöttelte in seinem Song *Aber bitte mit Sahne* über die kalorienreichen weiblichen Tortenschlachten.

Solche männlichen Vorbehalte kamen nicht von ungefähr, waren doch die weiblichen

Kaffeetafeln eine Art neuer, mehr oder weniger geschlossener Gesellschaft, die sich der patriarchalischen Welt auf ungewohnte Weise entzog. Ohne dass sie damit schon gleich zu Emanzipationsschmieden im feministischen Sinne gerieten, eröffneten sie doch die breitere Chance zu Frauenfreundschaften. Kein Wunder, dass anmutig servierter Kaffee bald zum Synonym weiblicher Gastlichkeit und Gemeinsamkeit wurde. Der Münchner Maler Emil Brack visualisierte das 1890 mit einem allerliebsten Serviermädchen (Abbildung rechte Seite) und wurde oft nachgeahmt.

Mit der Kaffeetafel
Flagge zeigen

Ähnlich wie sich bürgerliche Gattinnen im neunzehnten Jahrhundert in Deutschland listenreich bei privaten Kaffeekränzchen mit Nachbarinnen und Freundinnen einen femininen Freiraum auf dem Weg zur Emanzipation eroberten, nutzten ihre Schwestern zur gleichen Zeit im dänisch gesinnten Nordschleswig das »hyggelige« Ritual südjütländischer Kaffeetafeln in aller Harmlosigkeit fast guerillataktisch für nationalpolitische Zwecke. Denn als die deutschen Herrscher die Versammlungs-

häuser schlossen, demonstrierten sie Opposition, indem sie bei unverfänglicher Geselligkeit mit Kaffee und Kuchen in den eigenen Wohnzimmern Flagge zeigten. Der Brauch, die Kaffeetafel mit Wimpeln in den dänischen Landesfarben zu schmücken, hat sich bei den Däninnen bis heute erhalten. Ebenso die Sitte, zu rabenschwarzem Kaffee und dänischen Kuchenklassikern mit viel Butter, Zucker, Zimt und Mandeln feines Silber und Porzellan aus dem Schrank zu holen.

Schön aufgetischt

Im Orient jedenfalls wurde Kaffee von Anfang an so serviert, dass ihn nicht nur Gaumen und Nase, sondern auch das Auge goutierte. Der stilvolle Umgang mit der Bohne zeugte von der Wertschätzung des Bittergetränks, zugleich aber auch von dem Wunsch, beim Konsum die eigene Vornehmheit angemessen zum Ausdruck zu bringen. Besondere Diener bereiteten den Kaffee und servierten ihn in henkellosen Bechern auf kostbar ziselierten Tabletts. Die Becher wurden nicht vollgegossen, damit der Kaffee heiß blieb und sich das Gefäß oben anfassen ließ.

Auch in Europa wertete bald spezielles Zubehör das Kaffeetrinken zum stilvollen Ritual auf. Daraus entwickelte sich eine Art eigener Kodex mit vielen kleinen liebenswerten Äußerlichkeiten. Ein schön gedeckter Tisch mit Kerzen, Blumen, bestickten Servietten und vor allem feinem Porzellan gehören für Frauen, die Kaffee lieben, bis heute zum gepflegten Kaffeegenuss mit anderen.

Die wichtigste Rolle spielte dabei das Kaffeeservice. Jeder Haushalt hatte davon bis vor nicht allzu langer Zeit mindestens zwei – eines für den Alltag und ein zweites für besondere Gelegenheiten. Und aus Porzellan musste es sein, was anfangs nur eine Sache

der Reichen war. Wie gut sich Porzellan für das Servieren von Kaffee eignet, fand man früh heraus. Denn das weiße Gold war geruchsneutral, ließ sich leicht reinigen und hielt die Wärme. Bis zum achtzehnten Jahrhundert musste das kostbare Gut aus China eingeführt werden. Erst dann entstanden in Europa Porzellanmanufakturen, deren Erzeugnisse sich allmählich im sozialen Gebrauch demokratisierten.

An Kaffeekannen aus Porzellan und Silber tobte sich die Fantasie der Designer aus. Die klassische Form stammt wie der Kaffee selbst aus dem Orient. Mit dem Getränk übernahmen die Europäer den bauchigen Körper, den

Henkel und die Tülle der Bagdad-Kanne.
Im Laufe der Jahre veränderte sich manches
Detail, wie die Entwicklung historischer Kan-
nen zeigt. Im Zeitalter von Kaffee- und Es-
pressomaschinen haben Kaffeekannen jedoch
praktisch ausgedient, auch wenn sie nach wie
vor zu jedem Service mitgeliefert werden.

Kaffeerunden – nicht ganz aus der Mode

So sind Kaffeerunden bis heute nicht
ganz aus der Mode gekommen. Nach wie
vor bewirten sich Freundinnen und Nachbarinnen zu ihrem Vergnügen wechselseitig mit

Kaffee und Kuchen. Manches geschieht dabei vermutlich improvisierter, und der Aufwand bei der Beköstigung der Gäste ist zweifellos bescheidener als im vorindustriellen Zeitalter.

Kaffee und Kuchen erweisen sich dabei als ein klassisches Duo. Der bittere Geschmack des Kaffees macht süßes Gebäck zum idealen Gefährten auf der Zunge, der Kuchen den Kaffee bekömmlicher im Magen. Die Idee, Patisserie zum Kaffee anzubieten, ist denn auch schon alt. Sie kam Ende des siebzehnten Jahrhunderts in den venezianischen Kaffeehäusern auf. Wer heute zum Kaffee einlädt, bietet nach wie vor gern dazu Süßes an.

Kaffeerunden zuhause sind keineswegs ganz aus der Mode gekommen. Aber es kann kein Zweifel bestehen: Manches hat sich vor allem in der jüngeren Generation geändert. Dazu gehört der wachsende außerhäusliche Kaffeegenuss von Frauen und der immer weniger seltene schnelle Konsum unterwegs. Die zunehmende Begeisterung für aufgeschäumte heiße Milch auf dem Bittergetränk sorgt dafür, dass man gern draußen genießt. Mit neuen Verhaltensweisen wie dem Appetit auf Spezialitäten ändern sich zwangsläufig auch die Äußerlichkeiten. Der Trend im Zeitalter von Latte macchiato und Coffee-to-go geht deshalb zumindest partiell vom Edelservice

zum Gastronomiegeschirr und Pappbecher. Wobei letzterer inzwischen längst wegen der damit verursachten Müllberge seinen coolen Nimbus verloren hat und vor allem bei Frauen, die Nachhaltigkeit leben, verpönt ist.

Gut für Körper und Seele

Frauen, die Kaffee lieben, sind überzeugt: Das schwarze Elixier tut ihnen für Körper und Seele gut. Es ist ihr Therapeutikum, mehr noch ihre Droge für den Alltag. Sie spüren: Kaffee gibt ihnen mit jedem Schluck einen Kick und macht sie zumindest für den Augenblick glücklich.

Denn er setzt in ihrem Körper das leistungs-fördernde Glückshormon Dopamin frei.

Vor allem aber ist Kaffee für sie – in Maßen genossen – bekömmlich und regt Verdauung und Fettverbrennung an. Frauen, die Kaffee lieben, wissen auch, dass ihr favorisierter Trunk sie reichlich mit Antioxydantien versorgt und damit ihre gesundheitlichen Risiken minimiert. So die Gefahr, an Tinnitus, Parkinson oder Diabetes 2, Alzheimer oder Hautkrebs zu erkranken, einen Schlaganfall zu erleiden oder Herz-Kreis-lauf-Probleme zu bekommen. Und sie hoffen, dass die Behauptung stimmt: Regelmäßiger Kaffeegenuss verlängert das Leben!

Auch Kaffee gendert

Tatsächlich scheint es Kaffee mit Frauen, die ihn lieben und häufig trinken, besonders gut zu meinen. Die Physiologie von Männern und Frauen reagiert jedenfalls unterschiedlich, wenn es um Kaffee geht, sagen Mediziner. Dabei sieht es so aus, als mache bereits die Art der Zubereitung von Kaffee den entscheidenden Unterschied: Frisch gebrüht, gefiltert oder unter Hochdruck gepresst – je nachdem wie man Kaffee kocht, beeinflusst er nach neuesten Untersuchungen den Cholesterinspiegel. Den von Frauen aber offenbar weniger nachteilig als den von

Männern, wie Forscher in einer Langzeitstudie in der norwegischen Stadt Tromsø herausfanden. Besonders Espresso scheint für Männer ungesünder als für Frauen. Im weiblichen Stoffwechsel lässt allenfalls Filterkaffee das Cholesterin im Blut mäßig steigen. Offenbar lösen die verschiedenen Methoden der Zubereitung unterschiedliche chemische Stoffe aus dem Kaffee heraus, die ihrerseits in der Wirkung wieder differieren.

Speziell Koffein scheint dabei für Frauen in mehrfacher Hinsicht hilfreich: Studien an der Universität Bristol belegen, dass Frauen das im Kaffee enthaltende Koffein besser vertragen und verarbeiten, als Männer dazu

imstande sind. An Testpersonen stellten sie fest, dass Kaffee die maskuline Gedächtnisleistung und Konzentrationsfähigkeit verschlechtert, während Frauen mit Hilfe von Kaffee aufkommenden Stress besser bewältigen und höhere geistige Leistungen bringen.

Forscher der Yale University haben einen noch erstaunlicheren Effekt von Kaffee ausgemacht: den auf das weibliche Gemüt. Messungen ergaben, dass Kaffee die Gefäße der Bronchien erweitert, dadurch das Atmen erleichtert und so nebenbei die Sanftmut fördert. Frauen mit einem heißen Kaffee in der Hand beurteilen ihre Mitmenschen demnach warmherziger und liebevoller.

Das passt ins Bild: Eine von der Gesellschaft für Konsumforschung durchgeführte Studie hat herausgefunden, dass Frauen mehr und Männer weniger genussorientiert sind, wenn es ums Kaffeetrinken geht. Guter Geschmack ist zwar für beide wichtig, doch Frauen finden bei einer aromatischen Tasse Kaffee einen persönlichen Verwöhnmoment. Männer dagegen schätzen Kaffee eher pragmatisch als Muntermacher und hoffen auf leistungssteigernde Wirkung. Die Erwartungen an das Getränk sind also durchaus unterschiedlich.

Life just doesn't work
without coffee

O hne Kaffee funktioniert das Leben nicht«, heißt es heute für viele Menschen. Wissenschaftler bestätigen, dass Kaffeetrinkerinnen aus ihrem Konsum durchaus Vorteile für das eigene Dasein ziehen. Nicht nur, weil sie durch ihr Lieblingsgetränk offenbar von manchen gängigen Krankheiten verschont bleiben und damit als gesünder, wacher, stressresistenter und intelligenter gelten. Sie fühlen sich auch durchwegs glücklicher, weil Kaffee das Risiko senkt, an Depressionen zu leiden oder gar Suizidgedanken zu ventilieren. Zudem wird Kaffeekonsum im Gegensatz zum Teegenuss als Statussymbol ambitionierter Menschen angesehen. Das scheint ebenfalls ein nicht zu verachtendes Plus für Frauen in Beruf und Leben. Was auch immer davon zu erhärten ist – feststeht, dass dampfender, heißer Kaffee anregt, Menschen zusammenbringt und vor allem Frauen an Leib und Seele guttut. Und es deshalb kein Wunder ist, dass Frauen Kaffee so lieben.

ZUERST IMMER KAFFEE UND DANN DIE WELT.

ANONYM

Hinter jeder
erfolgreichen Frau
steht eine
beeindruckende
Menge Kaffee.

STEPHANIE PIRO

Im Wein
liegt Wahrheit,
im Kaffee
Klarheit.

SPRICHWORT

TEE WÄRMT DAS HERZ, KAFFEE DIE SEELE.

FRANCIS BACON

Will der Ehstand nicht vergnügen

oder Amor scherzt mit Euch,

Coffee kann den Schmerz besiegen,

Coffee stillt die Liebe gleich,

Coffee ist gut in der Nacht,

weil er frisch und munter macht.

ANONYM, UM 1780

SCHWARZ
WIE DIE NACHT,
HEISS WIE DIE HÖLLE,
SÜSS WIE DIE LIEBE
SOLL KAFFEE SEIN.

ARABISCHES SPRICHWORT

Irgendein Philosoph,
und es muss einer der
größten gewesen sein,
hat einmal gesagt, das sei
das Beste am Kaffee, dass
er in jede Situation und

Tagesstunde

hineinpasse. Wahrhaftig,
Wort eines Weisen.

THEODOR FONTANE

Der Kaffee fließt in
den Magen hinunter,
alles beginnt sich
zu regen, die

Gedanken

setzen sich in Bewegung,
die Erinnerungen kommen
im Sturmschritt.

HONORÉ DE BALZAC

DIE
KAFFEEKANNE
MACHT DIE
SCHLÄFRIGSTE
HENNE
MUNTER.

SPRICHWORT

Eine gute Unterhaltung
ist genauso
anregend
wie schwarzer Kaffee,
und man kann
genauso schwer
danach schlafen.

ANNE MORROW LINDBERGH

BILDNACHWEIS

Seite 2/3 Edward Killingworth-Johnson (1825-1896): Lesen und Kaffeetrinken im Garten. Seite 4/5 Léonard Defrance (1735-1805): Kaffee trinkende Frauen, 1763. Seite 6/7 Ulisse Caputo (1872-1948): Cafékonzert, Paris, 1913. Seite 8 Henri Matisse (1869-1954): Lorette mit einer Tasse Kaffee, 1917 (Bildrecht). Seite 10 Walter Georgi (1871-1924): Kaffeestunde im Garten. Seite 12 Balthasar Denner (1685-1749): Tochter mit einer Kaffeetasse, 1732. Seite 14 Stanislav Stepachko: Im Kaffeehaus. Seite 16 Italienische Kaffee-Reklame, um 1890. Seite 18/19 Charles André van Loo (1705-1765): Die Sultana (Kaffee im Harem). Seite 21 John Frederick Lewis (1805-1876): Die Kaffeebringerin. Seite 22/23 Unbekannter Künstler: Der Kaffeegenuss (Türkische Dame beim Kaffeetrinken auf dem Diwan). Seite 24 Henri Matisse (1869-1954): Frauen beim Kaffee (Bildrecht). Seite 27 Lorenzo Valles (1830-1910): Die Kaffeeservicererin, 1877. Seite 28 Jean-Baptiste Vanmour (1671-1737): Frauen beim Kaffee (Ausschnitt). Seite 31 Jacobus Johannes Lauwers (1753-1800): Eine kaffeemahlende Magd. Seite 33 Nicolas Henri Joseph de

124

Fassin (1728-1811): Kaffee trinkende Frau. Seite 35 Art Nouveau: Die Kaffeetrinkerin. Seite 36 Edouard John Mentha (1858-1914): Pause der Malerin im Atelier. Seite 39 Henri Adrien Tanoux (1865-1923): Ein Nachmittagskaffee, 1888. Seite 40 Ernst Ludwig Kirchner (1880-1938): Kaffeetafel, 1907. Seite 43 John Robert Dicksee (1817-1905): Das Serviermädchen. Seite 45 Ulisse Caputo (1872-1948): Der grüne Kimono. Seite 46 Paul Cézanne (1839-1906): Frau mit Kaffeetasse, 1895. Seite 49 Albert Edelfelt (1854-1905): Elevenses (Finnische Nationalgalerie, Helsinki). Seite 50 John White Alexander (1856-1915): Der Klatsch (Philadelphia Museum of Art). Seite 52/53 Patricia O'Brien: Kaffee am Morgen, 1993. Seite 54 August Macke (1887-1914): Kaffeetafel im Garten, 1912. Seite 57 Alexander Muraschko (1875-1919): Zwei Frauen (Alamy). Seite 58 Wilhelm Schreuer (1866-1933): Kaffeekränzchen. Seite 61 Emil Brack (1860-1905): Serviermädchen. Seite 63 Laurits Tuxen (1853-1927): Morgenkaffee, 1906. Seite 64 Harald Slott-Moller (1864-1937): Kaffee am Morgen. Seite 67 Jean-Étienne Liotard (1702-1789): Holländisches Mädchen beim Frühstück. Seite 68 Alfred Émile Stevens (1823-1906): Frau in einem Interieur, um 1880.

fee-Reklame, um 1880. Seite 107 Franz Laskoff (1869-1921): Costina's Coffee Co. (Reklame), 1914. Seite 109 Alphonse Mucha (1860-1939): Kaffee-Reklame. Seite 111 Pierre-Auguste Renoir (1841-1919): Die Tasse Kaffee, 1878. Seite 112/113 Tina Kofler (1872-1935): Dame in der Hängematte. Seite 115 Frederick Carl Frieseke (1874-1939): Das Frühstückszimmer. Seite 116/117 Frederick Carl Frieseke (1874-1939): Frühstück im Garten. Seite 118 Daniel Ridgway Knight (1839-1924): Kaffee im Garten (Ausschnitt). Seite 120 Pierre-Auguste Renoir (1841-1919): Das Ende des Mittagessens, 1879. Seite 122/123 Albert Chevallier Tayler (1862-1925): Die stille Stunde.

Trotz sorgfältiger und gründlicher Recherche konnten vom Verlag nicht alle Künstlerinnen und Künstler, Rechteinhaber und Lizenzgeber festgestellt und ausfindig gemacht werden. Der Verlag ist für entsprechende Hinweise dankbar und wird rechtmäßige Ansprüche nachträglich honorieren.

ISBN 978-3-85179-534-9

Text von Ulla Fölsing
Bildauswahl von Johannes Thiele
Gestaltung und Satz von Christina Krutz
Coverbild von Adolphe Crespin (1859-1944):
Kaffee-Reklame, 1893
Druck von Longo, Bozen

www.thiele-verlag.com